AF310423

DES COLONIES

PAR RAPPORT A LA FRANCE

ET

A L'ORGANISATION DU TRAVAIL.

Ce qu'elles ont été dans le passé ; — Ce qu'elles sont dans le présent ; — Ce qu'elles pourraient être dans l'avenir,

PAR **Adrien DESSALLES**,

Auteur de

L'HISTOIRE GÉNÉRALE DES ANTILLES.

Prix : 1 Fr. 50 Cent.

PARIS,

Chez { FRANCE, Libraire-Éditeur, quai Malaquais, 15.
{ MAILLET-SCHMITZ, rue Tronchet, 15.

1848.

AVANT-PROPOS.

S'occuper des colonies, dans un moment où la France réclame tous les soins de nos hommes d'Etat, semble être, de prime abord, une prétention maladroite et égoïste, alors surtout que tant d'importantes questions s'agitent dans le sein de l'Assemblée Nationale. La question coloniale, depuis si longtemps livrée à des intérêts rivaux, n'a préoccupé le gouvernement déchu que sous le point de vue du matérialisme social, appliqué à quelques intérêts particuliers. En butte aux exigences des apôtres d'une émancipation irrationnelle et aux résistances de quelques colons rétrogrades, il n'a pas su prendre l'initiative des mesures urgentes que réclamaient l'intérêt de la métropole, la conservation des colonies s'alliant aux améliorations à introduire chez les nègres, et le premier besoin que ressentaient toutes les populations d'outre-mer, celui d'une connaissance parfaite de leurs droits et de leurs devoirs. De là des tâtonnements, préjudiciables avant tout au commerce, de là des réticences gouvernementales mal

interprétées, fatalement commentées et maladroitement appropriées soit aux préjugés qui divisent les
castes coloniales, soit aux espérances que fomente la
haine et qu'entretiennent les partis. Ah ! pour qui puise
dans l'histoire, pour qui soulève le voile du passé, pour
celui-là, mais pour celui-là seul apparaît l'avenir que
la France réserve à ses colonies. Cet avenir, bien som-
bre, à en juger par ce que nous révèle le présent, la
France entière, représentée par neuf cents élus sortis
du vote universel, l'aura-t-elle sanctionné, l'aura-t-elle
tracé ? Qui oserait en accuser une Assemblée si vive-
ment impressionnée des malheurs qu'elle s'efforce de
conjurer ? Qui se sentirait assez fort de sa conviction
pour jeter le blâme à ces hommes se vouant au mar-
tyre pour épargner quelques gouttes de sang français,
alors même qu'à dix-huit cents lieues le sang de nos
frères coule sous le coutelas africain ? Hélas ! on le sait,
les jugements des hommes sont soumis à l'erreur, et
que l'Assemblée Nationale se hâte de porter un remède
à des plaies saignantes. Que, sans plus tarder, la question coloniale, sagement débattue, soit posée sur le terrain national. Que ceux qui sont appelés à donner à la
France une impulsion digne du rang qu'elle occupe
parmi les nations, cessent de voir comme secondaires
des questions qui se rattachent à la prospérité géné-
rale, et qui, depuis si longtemps négligées, ont aidé
à aggraver les maux qu'elles sont appelées à faire dis-
paraître, dès qu'en France on aura compris leur importance. Une question du plus haut intérêt nous a
valu une bataille. L'organisation du travail, dont le
dilemme a enfanté les soldats de l'émeute, et dont la

solution est restée un problème que le canon seul a pu résoudre, l'organisation du travail ne se trouverait-elle pas singulièrement simplifiée, si, moins discoureurs que les socialistes du Luxembourg et aussi mathématiciens que Colbert, nos gouvernants eussent vu, dans la colonisation, l'élément de l'exportation, et par conséquent l'élément de la production sans cesse avivé par l'écoulement et l'importation des matières brutes? Le sol de la France si riche, son industrie si active, si intelligente, n'auraient-ils pas eu à gagner des richesses du sol exotique, qui auraient sans cesse fécondé ce troisième sol mobile, que représente la marine, dont le développement contribue à la prospérité des terres les plus ingrates. Certes, on le conçoit, ce n'est point ici un reproche que nous voulons adresser à ceux qui, sortis par acclamation des barricades de février, se sont cru assez forts du droit populaire pour gouverner la France et sonder maladroitement ses plaies, qu'ils n'ont su que rendre plus inguérissables. Avant eux des empiriques avaient contribué au malaise qu'ils assuraient devoir guérir, et, comme notre but n'est point ici de faire une critique inintelligente, mais bien de prouver en quoi la question coloniale se rattache à tous les intérêts lésés, nous diviserons notre travail en trois parties distinctes. Les colonies dans le passé, nous mènent à jeter nos regards vers les grandes époques de la monarchie. Les colonies dans le présent, nous permettent de nous arrêter aux événements dont nous sommes les acteurs; les colonies dans l'avenir, nous font un devoir de soumettre au jugement des cœurs amis de la patrie, ce que vaudrait à la France la perte

de ses colonies, si des mains inhabiles continuaient à
en diriger les rênes, et aussi à mieux apprécier les ressources qui découleraient pour nous de leur prospérité, par les aperçus que nous aurons donnés des avantages qu'en retirait la France.

I.

LES COLONIES DANS LE PASSÉ.

Personne ne l'ignore, la France, dans les grands ébranlements qui rayèrent du monde civilisé le peuple-roi, ces Romains créateurs de deux empires formidables, la France avait eu de sublimes efforts à faire pour réunir en faisceau les populations destinées à former une nationalité compacte. Charlemagne, en posant sur son front la couronne impériale, avait fermé une période qui, ouverte quatre cents ans avant lui par les enfants de Théodose, n'avait laissé dans notre histoire que des souvenirs sanglants. Les successeurs de Charlemagne, en ne se plaçant point à sa hauteur, avaient défait l'ouvrage du grand empereur, et la France, morcelée, se vit l'apanage de feudataires aussi puissants que ses rois.

Dans ces luttes, que la politique féodale rendait plus acharnées entre les seigneurs, qui cherchaient à faire prévaloir des droits que les peuples ne discutaient point encore, l'Angleterre, par ses alliances avec des princesses du sang royal de France, se trouva, plus d'une fois, appelée à faire valoir ses titres. L'Angleterre, entrée en lice avec la France, n'oublia aucun des moyens que son éternelle politique a su de tout temps employer pour diviser ses ennemis. Son or, semé sur le continent, lui valut des triomphes, une domination passagère, et souvent le droit de contrôle sur les actions de ses salariés, qu'un insolent appel au ban de ses pairs, amenait à confesser des projets dont l'ambition froissait ses intérêts et son esprit accapareur. Nos rois, minés à l'intérieur par les rivalités de ceux qui auraient dû se poser comme les plus fermes appuis du sceptre, ayant à faire face aux armées étrangères, en appelèrent aux peuples. La noblesse, battue en brèche par ceux qu'elle était habituée à dominer, s'effraya d'une politique qui lui révélait sa faiblesse, et les peuples, dès lors, comprenant de quel poids ils pesaient dans la destinée de la nation, se mirent, poussés par quelques chefs entreprenants, à réclamer une part plus grande d'action; à exiger des droits dont la conquête les poussait sans cesse à de nouveaux rêves. Nous ne rappellerons pas ici les massacres qui rougirent les pavés de Paris, sous l'écorcheur Legoix; nous ne mentionnerons point ces ordonnances cabochiennes, code qui aurait dû apprendre aux monarques ce que peut la force quand le droit est méconnu; nous signalerons simplement ces périodes révolutionnaires qui, écloses au XVe siècle, dégénérèrent en querelles religieuses sous la ligue, et se transformèrent en duel royal sous la Fronde.

Certes, le mal ne provenait pas alors des mêmes causes qu'aujourd'hui : la maladie, moins intense, n'avait pas encore mis au jour tous ses symptômes morbifères, le malade lui-même, d'ailleurs, dans la force de l'âge, offrait aux médecins qui le soignaient toutes les ressources de la jeunesse. Cependant il fallait s'occuper de ce grand corps social que tant de secousses avaient ébranlé, et Sully, dans l'agriculture, dans l'économie des impôts trouva un remède qui pour quelque temps apaisa bien des souffrances. Richelieu, avec son coup d'œil d'aigle et son égoïsme gouvernemental, avait compris ce que le trône avait à redouter de ceux qui, par leurs priviléges, devenaient et ses plus puissants étais et ses plus zélés défenseurs. Mais Richelieu, résumant en lui seul l'appui d'un pupille indécis et sans portée, avait soulevé et les méfiances de la noblesse et les exigences de la classe moyenne qui, sortie comme sa devancière du peuple, avait surtout l'instinct du commerce. Dans ces luttes qui aboutissaient au grand système, si souvent mis en pratique par les gouvernants : diviser pour régner, le peuple, uni par ses souffrances, classé par ceux qui l'exploitaient, avait bien des vengeances à exercer. Si longtemps destiné à servir d'échelle aux ambitieux, ne comptant que pour le nombre sur les champs de bataille qu'il arrosait de son sang, croupissant dans cette ignorance des choses de la guerre, d'abord la science spéciale des nobles, la découverte de la poudre lui avait appris que la vie du plus habile homme de guerre ne dépendait plus que de la justesse de son coup d'œil. Le peuple attendait donc son ère de régénération sociale et politique, et alors que Richelieu en portant la cognée sur le vieil arbre des privilèges séculaires lui faisait de si rudes entailles, le peuple ouvrait sa poitrine puissante aux aspirations de l'avenir.

L'avenir, telle est la pensée sur laquelle l'esprit de l'homme se reporte avec complaisance ou avec terreur. L'avenir, tel est le jalon que, dans sa course incertaine, chacun cherche à atteindre, se promettant le repos si l'espoir dore ses rêves, redoutant des luttes succombantes si le chaos se dessine à ses yeux après ce terme qu'il s'est posé. Richelieu avait-il compris ce que le trône et lui-même allaient avoir à redouter de l'esprit aventureux de tous ces gentilshommes que sa politique envoyait en explorateurs dans ces régions nouvellement conquises à l'Europe ? Richelieu avait-il saisi ce que l'espoir d'une fortune et d'un bien-être presque assurés, sans cesse offert par l'émigration vers les terres tropicales, allait porter de baume dans les souffrances du prolétaire, du travailleur, auquel l'Amérique se présentait comme un principe régénérateur, comme une mine inépuisable de richesses et de jouissances à venir ?

Cette question, nous la posons, nous l'adressons à ceux qui, dans notre siècle et dans leurs livres incompris, ont tracé des Eldorado mensongers, et qui, par des phrases harmonieuses, ont cru réglementer l'humanité. Cette question, nous la faisons surtout à nos hommes d'État, à nos publicistes qui, dans leurs écrits, ont sapé le principe colonial, et n'ont point vu dans la colonisation le grandiose d'un règne à jamais célèbre, à jamais mémorable ; nous la faisons enfin à ceux qui, en étudiant Colbert et Louis XIV, ont négligé de sonder toutes les ressources que la France allait puiser si longtemps dans ses colonies, et qui, réparties par sa marine et son commerce dans tous les canaux de l'industrie, allaient donner une vie active à ce corps gangrené. Toujours est-il qu'à dater de Richelieu, les questions sociales se taisent devant la facilité d'aller recueillir sa part d'un héritage auquel l'État conviait ses enfants, les guerres civiles n'ont plus cet aliment qu'elles puisaient dans la misère, dans l'impossibilité de se déclasser et d'acquérir un bien-être quelconque autrement que par la force des armes ; symptôme effrayant qui se reproduit aujourd'hui, qui annonce la pléthore et qui demande une guérison immédiate, si on en veut arrêter les terribles conséquences.

Richelieu avait posé la pierre fondamentale d'un édifice utile, glorieux, national, politique et social ; Colbert, dont la science mathématique ne se perdait point dans la solution des problèmes, mais s'arrêtait aux simples règles de l'arithmétique, allait lui donner une extension énorme. Pour mieux faire comprendre sur quelles bases il s'appuyait, un léger coup d'œil sur la colonisation européenne devenant indispensable, nous ferons une analyse succincte de ce qui s'était passé en Amérique avant lui.

L'Espagne avait enfanté des miracles avec des poignées d'hommes. Le prosélytisme du sabre avait, en peu de temps, asservi des millions d'Indiens à ces fiers Castillans, dont Colomb avait été la boussole, et sur les traces de ces orgueilleux conquérants le Portugal, la France, l'Angleterre et la Hollande avaient espéré pouvoir glaner. On le sait, la part du lion faite à l'Espagne par un pape peu imbu des maximes fraternelles du christianisme, devait entraîner des querelles, devait provoquer des luttes sanglantes ; et tandis que l'Espagne, casematée dans ses belles possessions intertropicales, épuisait les populations indiennes de l'Amérique dans la fouille des mines, l'Angleterre, la France et la Hollande prenaient goût aux richesses nouvellement découvertes, appelaient ces populations décimées aux bienfaits d'une civilisation non appréciée par elles, et tentaient des établissements qui, bientôt, allaient les poser en face de cette rivale accapareuse et si jalouse de ses droits. Chaque peuple, on le conçoit, avait porté dans l'émigration les traits caractéristiques de sa nationalité. L'Espagnol, devenu indolent après la conquête, ne trouvant plus de ressources dans ses mines épuisées, ne demanda à la terre que ses besoins journaliers. Le Français, échauffé par les descriptions fantastiques qui avaient frappé son esprit aventureux, lassé des vaines recherches auxquelles s'étaient livrés quelques uns de nos intrépides découvreurs, avait cherché son bien-être dans la culture des terres délaissées par l'Espagne. L'Anglais, joignant à ses établissements agricoles ses comptoirs de commerce, regardait d'un œil envieux les énormes possessions de l'Espagne, leurs positions avantageuses, les richesses qu'elles renfermaient, les ressources qu'elles offraient, tout en prenant ombrage de nos progrès. Au milieu de ces trois peuples destinés à fonder des nations nouvelles en Amérique, la Hollande, reléguée sur quelques rochers incultes, faible d'ailleurs et ne se soutenant que par l'esprit mercantile de ses patients et habiles commerçants, se contentait d'un rôle interlope qui, lui épargnant les frais de la colonisation, lui permettait d'en partager les bénéfices.

Ainsi réduits à leurs propres forces, les Européens émigrés en Amérique, ayant à combattre les Indiens, les avaient soumis au joug; l'Espagne, la première, ne pouvant subvenir aux razzias humaines qu'elle opérait dans la circonscription de ses incommensurables domaines, demanda des bras à l'Afrique. Malgré les controverses que suscita l'esclavage, malgré la parole éloquente du vertueux Las Casas, ce système, contraire à l'Evangile que l'Europe prêchait à l'Amérique, fut en peu de temps réglementé et consacré par des lois toutes en faveur d'une domination insatiable. La France, étonnée des produits qu'elle recevait de ces domaines départis à quelques priviligiés, ne pouvait mentir à ses antécédents de libéralisme. L'abaissement de la féodalité, opéré par ses rois, l'affranchissement des communes, proclamé par Louis-le-Gros, l'appel et la rédaction des premières lois répressives des abus de la féodalité, dus à saint Louis, et enfin la célèbre déclaration de Louis-le-Hutin, rendant la liberté à tout esclave qui aurait touché le sol français, faisaient un devoir à ceux qui gouvernaient la France de ne point imiter l'Espagne dans son orgueilleuse barbarie. Aussi Louis XIII et Richelieu ne firent-ils que tolérer l'esclavage dans l'intérêt des colonies naissantes, et comme seul et unique moyen *qu'il y eût pour inspirer le culte du vrai Dieu aux Africains.* Déception criminelle d'un principe naturel qui ratifiait la vente du nègre, dans l'espoir de sauver son âme; dérision illusoire, qui soumettait la charité de l'apôtre chrétien à l'intérêt du planteur, et le rendait l'arbitre suprême de son semblable, qu'une tolérance impie assimilait dès lors à la bête de somme.

Colbert, en prenant les rênes de l'État, trouvait donc la France intrônisée sur quelques îles de l'Amérique. Ces terres, vendues à quelques seigneurs qui y régnaient despotiquement, ne pouvaient prospérer sous ce régime féodal. Colbert les racheta. Mais Colbert ne pouvait y détruire l'esclavage sans léser de graves intérêts qui s'y trouvaient rattachés; dès lors, ce qui en premier lieu n'avait été qu'une tolérance devenait un droit, violant un principe sacré. Le développement qu'avait pris la culture coloniale parlait en faveur d'un système que la civilisation imposait à la barbarie ; mais Colbert, comprenant ce qu'un jour la civilisation aurait à redouter de la barbarie, avait posé des digues à son envahissement. Les colonies, conquises par l'Europe, se verraient plus tard peuplées de tant d'esclaves qu'elles pouvaient échapper à l'Europe, et dans ses ordonnances, prescrivant à chaque navire partant de nos ports, de prendre un nombre d'engagés déterminé d'après son tonnage, ne voyons-nous pas une prévision fatale des terribles événements qui, depuis plus d'un demi-siècle, conduisent Saint-Domingue vers cette pente qui l'entraîne dans la sauvagerie la plus complète? N'était-ce pas avoir compris l'importance de la colonisation et le parti que la France en pouvait tirer, que d'offrir à ceux qui voulaient aller tenter fortune en Amérique, les moyens d'y passer sans avoir à s'occuper de leur transport ? N'était-ce pas avoir deviné les conséquences de l'esclavage, que de vouloir en pondérer le danger par l'élément civilisateur qui, sans cesse reproduit en Amérique, contribuait à dégager le trop plein de nos populations laborieuses, augmentait le nombre des consommateurs d'outre-mer, et nous donnait de nouveaux défenseurs contre l'envahissement de nos astucieux voisins d'outre-Manche.

Disons-le, Colbert en ouvrant le testament politique de Richelieu, n'avait pu se dissimuler la portée des réflexions qu'avait values à ce puissant génie l'insolence d'un commodore anglais, faisant tirer à boulet sur la patache française qui portait Sully.

l'ami et le plénipotentiaire de Henri-le-Grand. Richelieu, dans la colonisation, avait vu l'élément d'une marine puissante. Colbert prépara à la marine française ses triomphes de 1666 et de 1688; à côté de son nom figurent ceux des Duquêne, des Tourville, des Jean-Bart. Qu'avons-nous fait de nos colonies et quelle chance de succès aurions-nous aujourd'hui dans une guerre maritime avec l'Angleterre? guerre à laquelle nous devons dors et déjà nous préparer, si nous ne voulons voir le dernier de nos navires passer sous les fourches caudines d'une rivale habile à semer la discorde dans nos rangs et à profiter de nos divisions. Qu'on pèse avec attention la portée des paroles de sir Robert Peel, déclarant le 30 juin dernier, dans la chambre des communes d'Angleterre, que : *moins est nombreuse dans les colonies la population blanche, plus on doit s'attacher à la soutenir; car elle y est incontestablement la seule barrière contre les envahissements de la barbarie.* Qu'on les pèse, ces paroles mémorables, en présence des récentes préoccupations de l'Angleterre pour ses West-Indies, en présence des massacres de la Martinique, et surtout en présence de la mortelle proscription qui, dans Haïti, frappe la couleur jaune, laquelle y a remplacé la couleur blanche; qu'on les pèse ces paroles, qui à elles seules résument l'histoire sociale des colonies, et l'on aura l'idée la plus complète de l'égoïsme politique de l'Angleterre et de la perspicacité qui dictait à Colbert les mesures prises par lui, pour éviter des malheurs que dès lors il prévoyait.

Il est dans l'histoire telles prédictions que les actes nous révèlent mieux encore que les paroles écrites; la France laissera-t-elle s'accomplir une ruine si habilement présagée? mais la France, lancée dans la voie des améliorations sociales, s'arrêtera-t-elle sur une pente? elle le doit à sa gloire, à sa destinée, car après la pente se trouve un précipice sans fond, un abîme. Qu'on y réfléchisse, ce n'est point ici la cause des colonies que nous plaidons, mais bien une cause nationale qui mérite toute l'attention de nos plus habiles hommes d'État.

L'esclavage ainsi consacré par Colbert, mais prudemment mitigé par des importations d'Européens, connus dans l'histoire sous le nom d'engagés, ne tarda pas à se développer sur une vaste échelle dans nos colonies. L'esclavage entraînait des abus, et le Code noir, auquel avait travaillé le grand ministre, mais qui ne fut mis au jour qu'après sa mort, nous révèle toute la sollicitude que la France avait alors pour ses enfants d'outre-mer. Proclamons-le, le Code noir ne laisse percer aucune de ces atteintes portées plus tard à la dignité de l'homme par des révisions illibérales et inhumaines. L'homme blanc, l'homme libre était condamné à épouser son esclave devenue mère par son fait; rien donc n'y donne jour à ces préjugés atroces dont nous mentionnerons la cause et l'origine plus tard. Le maître vivait avec ses esclaves, les soignait comme ses enfants, et le mulâtre trouvait, dans cette sublime ordonnance, une garantie qui le mettait à l'abri de toute domination; la reconnaissance était un lien qui l'attachait au blanc; sa dignité, hautement proclamée, lui faisait une loi de se plier aux exigences d'une société qui l'acceptait avec toutes les conditions de l'homme libre.

Telles avaient été les vues admirables de Colbert; Richelieu s'était surtout occupé de la base de l'édifice dont Colbert cimentait toutes les parties, et d'après ce que nous venons de tracer brièvement, on peut avoir une idée des lois faites par lui pour la sûreté et l'agrandissement de nos établissements intertropicaux. Mais ce que Colbert avait compris sans effort, c'est que, avant tout, l'interdiction de la culture et de la fabrication des produits similaires de la métropole devenait la condition *sine qua non* d'une prospérité réciproque. Nos hommes d'État ont-ils cru suivre ces errements d'arithmétique pratique, lorsque, par des encouragements, ils ont facilité l'intrônisation de la betterave dans nos départements du nord? Hélas! on comprendra le coup qu'a porté à notre marine la concurrence injuste faite par la France à ses colonies, quand on saura la solution donnée par un de nos économistes à cette question, qui a soulevé tant de débats : *chaque barrique de sucre colonial nous donne un matelot; chaque barrique de sucre de betterave nous en ôte un... Concluez au plus vite, concluez, vous qui tenez en mains les destinées de la France!* nos colonies périssent, nos ports de mer sont déserts, et bientôt vous n'aurez plus le droit de pavillon sur cet Océan qui vous tend ses bras, et vous offre les ressources que vous cherchez vainement dans vos discussions interminables sur l'organisation du travail. Cent navires occupés dans chacun de nos grands ports au commerce que vous tuez par votre négligence et votre ignorance, seraient plus concluants que vos raisonnements et prouveraient à nos utopistes que les fables inventées dans leurs livres ne servent qu'à cacher l'ambition qui les dévore.

Les hommes appelés à succéder au poste que Colbert avait occupé, allaient-ils marcher sur ses traces; allaient-ils porter leurs regards sur toutes les parties d'un cercle que son génie avait tant agrandi ? Nous ne voulons point ici aborder des questions qu'un volume résoudrait à peine ; nous ne voulons point entrer dans des détails sans nombre, nous dirons simplement que l'impulsion donnée par lui aux idées maritimes et coloniales, était tellement imprimée dans la nation, qu'il fallut l'indolence du cardinal de Fleury pour réduire la France du rang qu'elle occupait sur la mer, sous la période de Louis XIV, à celui de ne pouvoir même convoyer, dans la guerre de 1756, ses navires du commerce, portant des vivres aux colonies. A quoi avait abouti une pareille insouciance des choses maritimes et coloniales ? Au honteux traité de 1763, qui, faisant des Français d'outre-mer une marchandise, avait fait passer sous le joug anglais plusieurs millions de nos frères, dont le courage nous avait conquis le Canada, la Louisiane et quelques îles de l'archipel des Antilles, à tout jamais perdus pour la France.

II

LES COLONIES DANS LE PRÉSENT.

D'après le grandiose d'un règne que nous ne pouvons retracer, mais dont nous avons ébauché quelques traits principaux, qui se résument dans les institutions d'un ministre intelligent, il nous a été facile de saisir les avantages que, sous Louis XIV, la France retirait de ses colonies. L'émigration procurait à la France un débouché pour le trop plein de ses populations lesquelles, installées outre-mer sur des terres françaises, dotaient la métropole de produits qui l'enrichissaient et qu'elle échangeait contre ses produits. De plus, ces populations remuantes et énergiques, sans cesse occupées à se créer de nouveaux débouchés pour les produits exportés par la métropole, devenaient en quelque sorte les facteurs des négociants de nos ports de mer qui, eux-mêmes excités par les bénéfices qu'ils encaissaient et par les encouragements qu'ils recevaient, finirent par accaparer, en 1740, le commerce du sucre dans le nord de l'Europe. Ce rouage, admirablement engrené et mis en mouvement par une force surhumaine, n'avait pu s'arrêter malgré l'inhabilité des machinistes chargés d'entretenir son jeu. Colbert avait vu dans l'esclavage un moyen secondaire de prospérité pour les colonies ; mais l'avidité métropolitaine, exclusivement privilégiée pour la traite des nègres, en fit un principe. Ce principe, reposant sur un mensonge anti-national : les BLANCS *ne peuvent pas travailler sous le tropique*, devait nécessairement pousser au développement de la traite. De là, l'abrogation des engagements ; de là, la cessation des émigrations européennes ; de là, le mal qui nous ronge dans les colonies qui nous restent ; de là, les préjugés de caste ; de là, la perte de Saint-Domingue, où la barbarie poursuit aujourd'hui, dans le mulâtre, l'élément civilisateur.

Néanmoins, quoique l'émigration fût entièrement abrogée, on le conçoit, le mouvement donné à toute la machine coloniale ne devait point encore se ralentir sous la période de Louis XV. L'exportation dans les colonies espagnoles, exportation conquise après la guerre de la succession, guerre fatalement engagée par Louis XIV dans un intérêt purement dynastique, avait produit de trop gros bénéfices à nos négociants des Antilles, pour que, malgré les malheurs de la guerre de 1763, ils ne cherchassent pas à rouvrir à nos manufactures des débouchés aussi importants. Leurs efforts couronnés de succès, donnant à nos populations laborieuses de la métropole la facilité du travail par l'écoulement de l'industrie et des produits manufacturés, ceux qui gouvernaient la France n'avaient point encore prévu le malaise que la perte de nos colonies, l'avilissement de notre marine, le déclassement intérieur de nos populations laborieuses et l'encombrement de nos marchandises devaient un jour nous procurer.

Mais, si en France les questions sociales se taisaient en présence de l'énorme exportation que faisaient nos Antilles des marchandises que leur portaient nos négociants, un moment l'intérêt de la défense territoriale des colonies avait réveillé la colonisation par les blancs. L'expédition du Kourou (1763-1765), stupidement conduite à la Guyane, au grand contentement des négociants métropolitains, qui voyaient dans sa réussite une fatale concurrence à la traite, avait rendu plus solennelle que jamais la menace de mort faite à tout homme BLANC qui s'attacherait à la glèbe sous le tropique.

La population blanche des Antilles, depuis quelque temps et à partir surtout de cette époque, fatalement réduite à ses simples moyens de reproduction, la France ne chercha point, comme l'Espagne, la puissance civilisatrice dans cette population mixte, produite par l'accouplement des deux races blanche et noire. Le mulâtre, appelé à servir d'intermédiaire aux maîtres et aux esclaves, à être le point de fusion des deux couleurs, se vit astreint à des lois répressives de sa liberté et, dès lors, la domination s'établissant par le fait de la métropole toute en faveur du blanc dans un intérêt égoïste, on arrive au développement de ces préjugés et de ces haines qui rendent si difficiles aujourd'hui la solution des questions sociales dans nos colonies.

Rappellerons-nous cette période fatale, par laquelle passa la

France elle-même de 1789 à 1815? Rappellerons-nous ces temps de deuil lugubre qui pesèrent aussi bien sur la métropole que sur les colonies? Déjà, avant ce cataclysme d'enfantements prodigieux, de crimes atroces, de dévouements incroyables qui devaient se noyer dans une gloire dont le mirage aveuglait alors toutes les intelligences attachées à la recherche du bien-être humanitaire, les colonies s'étaient senties émues des secousses que leur destinaient le philantropisme et la philosophie. Disons-le néanmoins, en 89, la question sociale n'était point le moteur des troubles qui allaient amener 93 et l'empire. Louis XVI avait compris ce que vaudraient à la France la perte de ses colonies et l'envahissement maritime, colonial et commercial de l'Angleterre. Le coup qu'il avait porté à notre rivale dans l'indépendance américaine, pouvait encore ramener la vieille prospérité coloniale de la France. L'abolition de la torture, appliquée à l'esclavage, pouvait entraîner une série d'ordonnances bienfaisantes en faveur d'une classe d'hommes que l'éducation et la moralisation pouvaient encore sauver de la barbarie; mais la question politique qui, semblable à la nue recélant dans son sein la foudre et la tempête, venait de déchaîner ses projectiles sur le privilége, ne pouvait manquer d'atteindre ceux auxquels la France avait imposé l'esclavage.

La révolution politique qui s'opérait en France s'aggravait donc encore pour les colonies de toutes les difficultés de castes, de préjugés et de haines, difficultés amoncelées par la crainte que la France avait eue de voir sa plus puissante colonie, Saint-Domingue, recourir à l'indépendance. Pour combattre ces prétentions, suscitées par le désaccord qui avait existé entre les corps constitués de Saint-Domingue et la direction des colonies, en France, le gouvernement avait, dans les esclaves, un puissant recours. Mais faire appel aux passions devenait un danger imminent; d'un autre côté, les colons ne voulant se servir que de l'appui des hommes libres, que n'allaient-ils pas avoir à redouter du mauvais exemple donné à leurs esclaves? Les mulâtres eux-mêmes ne revendiqueraient-ils pas des droits que dès lors et se servant de leur appui, les blancs devaient ne plus mettre en litige? Telles avaient été, dès 1770, les titillations qui avaient un moment tenu le couteau de la guerre civile suspendu sur Saint-Domingue, lorsque des étincelles révolutionnaires vinrent mettre le feu aux poudres qui devaient aviver le volcan sur lequel reposaient une population de sept cent mille hommes, des richesses incalculables et tout un avenir de prospérité pour la France.

Comme on l'appréciera facilement, le prosélytisme de la liberté devait trouver un puissant écho par delà les mers. Nos colonies allaient avoir à subir tous les accès d'une fièvre chaude; mais Saint-Domingue, par son étendue, était de toutes nos îles celle dont le péril était le plus menaçant. Les mulâtres avaient compris de quel poids ils pesaient dans la balance; réunis aux blancs, ils pouvaient contenir les esclaves; l'intérêt des blancs devait les engager à faire taire tous les préjugés : repoussés par leurs pères, les mulâtres embrassèrent la cause de leurs mères. Dès lors, le procès était jugé, les blancs étaient proscrits, Saint-Domingue insurgée avait conquis sa liberté, mais sous le patronage d'un nègre, de Toussaint Louverture, Saint-Domingue, restée colonie française, avait compris sa faiblesse, son peu de valeur se trouvant dépourvue de l'élément civilisateur qui l'avait portée à son apogée de richesse et de prospérité.

Toussaint, esprit irrésolu, mêlant à la ténacité africaine la perspicacité de l'homme habitué à réfléchir, allait donner à l'Europe le plus sublime exemple de modération que l'histoire ait enregistré. Les blancs, le croirait-on, rappelés par lui, voyaient leurs habitations prospérer par le travail libre, obtenu de ces mêmes esclaves, que la discipline ramenait à l'ordre, lorsque ces mots froidement égoïstes et contraires à l'intérêt général des colonies, ces mots du despote qui mûrissait l'asservissement de la France : *Je suis blanc et je me prononce pour les blancs*, amenèrent l'expédition fatale que nous savons, laquelle apprit à nos cohortes invincibles que quelque chose de plus meurtrier que les balles ennemies, la fièvre jaune, pouvait les arrêter dans leur course victorieuse.

Bonaparte marchait de conquêtes en conquêtes, on l'élevait sur le pavois, mais la France perdait Saint-Domingue. A la trabison qui renfermait Toussaint dans le fort de Joux, se joignaient les désastres qui décimaient nos troupes, la perte de notre marine et la prise de la Martinique par les Anglais, auxquels les colons s'étaient livrés pour se mettre à l'abri du massacre.

La France trop préoccupée des événements qui se déroulaient sous le glaive toujours tendu de l'idole qu'elle avait couronné, ne pouvait guère s'apercevoir du vide que lui valait la perte de ses dernières colonies. Napoléon, seul de tous ceux que sa gloire aveuglait, avait compris l'importance de ces possessions lointaines. Voulant fonder une dynastie, il sentait que la guerre, sur laquelle il s'appuyait, devait avoir un terme. Il savait qu'aux questions politiques succéderaient un jour les questions sociales que le canon résolvait alors d'une manière si péremptoire. On n'en doutera plus aujourd'hui, car les quinze années de la restauration allaient s'écouler sans avoir à redouter le trop plein d'une population, que dix-sept années d'un règne funeste à la France, a déclassée d'une manière effroyable et menaçante pour l'avenir.

Nous ne poursuivrons pas nos aperçus historiques plus loin, quant à la France. Sur elle, depuis, ont passé deux périodes ; la première, comme la seconde, emportait un trône, deux races de rois étaient proscrites, deux sceptres étaient brisés, deux gouvernements ayant par devers eux les leçons du passé, avaient méconnu les besoins de la nation, le peuple les foudroyait. La restauration, moins avide que le constitutionalisme, nous laissait des finances en bon état. S'appuyant sur les sentiments honorables des hommes qu'elle mettait parfois au pouvoir, ayant pour elle les souvenirs d'une gloire que la France républicaine ne peut répudier, elle emportait quelques regrets, des dévouements la suivaient dans l'exil. Le constitutionalisme, voulant réglementer le despotisme parlementaire par la corruption, tombait dans la boue. La révolution du mépris chassait Louis-Philippe de France, et des barricades de février surgissait l'abolition de l'esclavage dans nos colonies.

Certes, on nous permettra de le dire, si durant ces trente-deux années, les hommes de cœur, qui ont épuisé leur vie et ont consumé leur temps à débattre l'émancipation des nègres, à resserrer dans les liens d'un égoïsme rétréci, tout ce que la question de l'esclavage avait de palpitant, si ces hommes eussent mis à profit les leçons de l'expérience, si la philantropie impatiente, moins acrimonieuse, et la résistance, moins arrogante, eussent cherché un terme moyen à des maux qui pesaient également sur les maîtres et sur les esclaves, aurions-nous aujourd'hui les embarras d'une position envenimée par toutes les élucubrations ignobles d'expressions, grosses de vengeances, sales de vénalités scandaleuses, qui, amoncelées sur les bureaux des colonistes, n'ont produit que des discussions sophistiques et injurieuses pour l'humanité? Si les gouvernements eussent tranché le nœud gordien, si par des lois positives et non par des ordonnances alambiquées on eût placé la question de part et d'autre sur son véritable terrain, alors que la France proclamait la liberté pour tous ses enfants, aurions-nous eu à déplorer le sang versé à la Martinique? sang qui retombe aussi bien sur les abolitionistes impatients, que sur les rétrogrades encroûtés, car le choix des victimes n'a point été fait. Ce n'était point un parti qui, à Saint-Pierre-Martinique, le 22 mai dernier, sacrifiait quelques victimes à l'assouvissement de sa haine; c'était la barbarie se séparant de la civilisation esclave, retrempée dans la civilisation européenne, qui offrait une hécatombe à ses instincts destructeurs; c'était cette même barbarie qui, à Saint-Domingue, après avoir détruit les blancs, fait aujourd'hui la chasse aux mulâtres, et n'aura de terme demain que dans l'anthropophagie.

Qu'on ne s'y méprenne pas, les rétrogrades et les abolitionistes outrés se flatteraient étrangement si, cherchant à se renvoyer la balle, ils espéraient tromper ceux que l'expérience des choses coloniales a éclairés. Dans nos colonies se trouvent des hommes de jugement appartenant à toutes les couleurs. Loin de leur prêcher l'oubli du passé, qu'à chaque jour, à chaque heure ils le posent sous les yeux, le gravent dans l'esprit de ceux que la France et ses institutions ont déshérités de cette éducation qui les mettrait à même d'éviter les fautes dans lesquelles leurs pères sont tombés. Que l'instinct perfectible du nègre ne soit pas livré aux mauvaises passions des mauvais blancs et des mauvais mulâtres ; que le gouvernement pourvoie au remplacement des mauvais prêtres ; que la direction des colonies en France, moins préoccupée des questions de personnes, agrandisse le cercle de ses idées, et porte la question coloniale à la hauteur qui lui convient ; que les socialistes jettent leurs regards sur ces contrées que le prosélytisme du bon exemple asservira mieux que leurs écrits, et, sans nul doute, un jour les yeux se dessilleront de toutes parts.

La France, qui avait aboli l'esclavage une première fois et qui l'avait rétabli, avait à accomplir un acte de justice envers les maîtres comme envers les esclaves. La liberté a été proclamée et l'indemnité sera votée ; car le droit que le nègre comprend, lui dirait, si l'indemnité n'était point payée à son maître, que c'est un vol commis à son préjudice, et il ne croirait point sa liberté valable. Le maître, de son côté (et il est des maîtres de toutes les couleurs dans nos Antilles), se voyant satisfait, comprendra plus facilement que l'esclavage qu'il regrette, a été la ruine des colonies.

Ce sophisme, pour les rétrogrades qui n'ont les yeux attachés que sur la prospérité, à coup de nègres, des colonies, aux beaux jours de la traite, en est-il un pour ceux qui, nourris de l'histoire coloniale, sont initiés aux roueries du commerce de la traite, aux pertes de nègres, aux vieilles dettes des habitations presque toutes causées par des achats de nègres, et aux bénéfices encaissés par les négociants de la métropole, bénéfices provenant de ce honteux trafic ? Puis enfin, l'exemple de Saint-Domingue, toujours debout comme pour servir de miroir à tous ceux qui veulent y lire, n'est-il pas concluant ? A quoi a servi, à ces colons si riches, cette prospérité éphémère ? La première richesse d'un pays est celle qui lui vient de la valeur de sa terre ; et, là où l'esclavage subsiste, la terre n'ayant de valeur que par l'esclavage, la richesse peut-elle être autre chose qu'une richesse factice ?

Un mot à la France, avant de passer à quelques aperçus qui seront des conseils conciliants pour toutes les castes coloniales. Nos colonies périssent, répétons-le, notre marine, bientôt, n'aura plus d'aliment, et cependant l'histoire nous apprend ce que nos ancêtres ont pu sous le régime de l'esclavage. La liberté serait-elle donc un arrêt de mort pour nos colonies ; et un arrêt de mort sans recours en grâce ? Que, sans plus de retard, on ravive l'espoir qui s'éteint chez nos négociants ; que, sans plus de retard, on applique aux colonies les institutions généreuses de la métropole ; que, dans la conscription, cette suprême loi de l'égalité politique, la France recrute des matelots prêts à affronter, en cas de besoin, l'arrogance de nos rivaux. Que des chantiers maritimes, ouverts dans nos ports coloniaux, les assimilent aux ports de guerre de la métropole, et que sa confiance soit donnée à tous les hommes dont le mérite sera reconnu, quelle que soit leur couleur. Qu'on le sache, c'est un colon qui le proclame, sous toutes les couleurs qui, aujourd'hui, divisent les castes coloniales, battent des cœurs français ; et, de tout temps, conduits par leurs maîtres, alors qu'ils étaient esclaves, les nègres des colonies françaises ont été redoutables aux ennemis de la France.

Ici nous poserons une question du plus haut intérêt politique et social. Saint-Domingue, livrée à l'anarchie, courant sus à son élément civilisateur, menaçant l'Amérique européenne d'un foyer de barbarie africaine, sera-t-elle abandonnée au meurtre, à l'incendie, au pillage ? Les hommes qui lui donnaient une direction vers le progrès, traqués et chassés, ont été élevés sur nos bancs, parlent notre langue, sont français d'origine, comptent encore des parents en France ; ne tendrons-nous pas la main à cette race persécutée et d'autant plus intelligente, qu'elle s'est faite elle-même et qu'elle a eu à lutter contre des difficultés incroyables ? A Dieu ne plaise, qu'invoquant ici de funestes souvenirs, nous voulions réveiller des idées de conquête ; mais la France ne doit-elle pas débattre dans son conseil suprême ce que l'honneur exige d'elle ? qu'on y réfléchisse, et qu'on y réfléchisse d'autant plus, qu'après le massacre des mulâtres, il restera des noirs intelligents auxquels le même sort est réservé ! Puissent, ces paroles, éveiller quelques sympathies chez une nation dont le cœur, quand on lui laisse la réflexion, domine toujours la tête.

III

LES COLONIES DANS L'AVENIR.

Semblable à ces utopistes qui, en haine de la caste blanche, ont tracé dans leurs livres sans fond et surchargés de mensonges des Eldorado, quand ils nous reportaient à quelques mois après l'émancipation des nègres ; semblable à ces athlètes de l'esclavage, qui, pour mieux le défendre, nous promenaient au milieu des déserts surgissant au souffle de la liberté, nous n'irons point nous perdre dans des raisonnements absurdes. Les abolitionistes *outrés* et les rétrogrades *encroûtés* sont jugés. Les uns sont pour les colonies ce que sont pour la France les *républicains rouges*, les autres, nous les plaignons, ce sont des hommes *bornes*, stylites dangereux, dont l'intelligence stationne quand malgré eux la vapeur les pousse. Perdre son temps à s'occuper de leurs écrits, de ce qu'ils ont prédit, de ce qu'ils ont pesé, de ce qu'ils ont expérimenté, serait presque un crime à cette heure où tout nous emporte. La liberté des esclaves promulguée, le règne de ces hommes est fini ; nous pourrions presque leur adresser ces paroles sacramentelles : *Vade retro Satanas!* L'heure de la régénération coloniale sonnée, les véritables abolitionistes, nous disons abolitionistes, car l'abolition de l'esclavage ne peut être complète qu'avec tous ses avantages, deviennent ceux que la question coloniale intéresse directement : 1° les nègres intelligents qui, par leur influence, ont une mission à remplir vis-à-vis de leurs frères moins avancés qu'eux en civilisation ; 2° les colons de toute couleur, anciens possesseurs d'esclaves, qui, aujourd'hui, ne doivent considérer leurs travailleurs que comme des pupilles émancipés ; 3° le gouvernement, qui a à exercer vis-à-vis de tous les Français une surveillance active et à remplir de grands devoirs. Nous verrions avec peine certaines plumes noircir du papier en faveur des colonies ; espérons que, n'étant plus subventionnées, elles ne pourront fonctionner. D'autres, toujours acrimonieuses, et trempées dans du fiel, se tailleront dans des vues ambitieuses ; c'est aux hommes qui ont en mains les destinées de la France, à savoir se mêler de ces écrits qui n'apprennent rien et dont les aperçus erronés ne laissent que trop percer ce que se proposent ceux qui les rédigent. Nos états des douanes, mieux que ne peuvent le faire les partisans de tel ou tel système, nous apprennent assez la pénurie qui ronge nos colonies et qui ruine nos ports de mer ; les malheurs de Saint-Domingue nous annoncent assez quel sera l'avenir de nos colonies, si le gouvernement ne prend sous sa puissante égide les restes de notre splendeur coloniale. C'est pour l'aider dans cette œuvre nationale que, sans blâmer aucun des essais qu'on pourrait faire, nous allons retracer quelques idées que nous soumettons au raisonnement des véritables amis des colonies.

Avant d'entrer en matière, il est bon que ceux qui nous lisent sachent qui nous sommes. Colon de la Martinique, nous avons vécu au milieu des préjugés qui désolent notre malheureux pays. Nous pourrions presque dire que nous les avons sucés avec le lait. Elevé en France, nos idées libérales se sont trouvées, dans l'adolescence, continuellement en choc avec ce qui se passait sous nos yeux. Pendant douze ans nous avons vécu avec des hommes qui nous appartenaient ; aujourd'hui que des circonstances indépendantes de notre volonté nous en ont séparé depuis dix ans, quand notre pensée se reporte vers eux, nous y puisons nos plus heureux souvenirs. Nous avons la consolation de ne leur avoir point fait du mal sciemment, nous savons que l'absence ne nous a point aliéné leur cœur, nous leur devons nos faibles moyens d'existence, et nous sommes disposé à faire plus que des vœux pour leur bonheur. Habitant la France depuis 1839 et Paris depuis 1840, nous avons passé ces neuf années de notre vie dans l'étude. Devant les leçons de l'histoire nos yeux se sont dessillés, nos préjugés sont tombés un à un, notre conviction est devenue forte. Avec le mulâtre haineux et vindicatif, nous nous tiendrons sur nos gardes, nous le raisonnerons, nous lui offrirons notre concours ; avec l'homme de couleur, sans haine parce que l'éducation l'aura éclairé, nous ouvrirons notre cœur et nous plaindrons ceux qui sont encore assez aveugles pour ne point voir le mal que leurs préjugés et leurs haines font à leur pays. Nous sommes assez connu des noirs qui nous approchent pour qu'ils puissent apprécier nos rapports avec eux. Ce n'est point ici une profession de foi que nous faisons ; si on nous en demandait une, nous répondrions qu'avant d'être républicain, nous sommes Français, et que notre cœur a plus d'une fois saigné en voyant des hommes emportés par la passion oublier ce que ce titre exigeait de leur patriotisme.

L'expérience ainsi jointe à l'étude, la réflexion a creusé notre cerveau. Comprenant la liberté sans limite, nous avons plaint le nègre devenu libre, si son ancien maître, inexorable, le privait du coin de terre qu'il considérait comme sa propriété, et de la case dans laquelle il se reposait de ses fatigues. Cependant, voulant que la liberté du nègre soit sans restriction, nous avons compris qu'on ne pouvait imposer aucune loi au maître. Le maître, trop intéressé à garder chez lui le nègre industrieux et laborieux, s'entendra facilement avec lui, s'il veut conserver ses anciens priviléges. Mais, on ne peut se le dissimuler, il est certains nègres paresseux qui ne comprennent la liberté que dans le repos, et c'est le sort de ces hommes, plus nombreux que l'on ne croit aux colonies, qui nous préoccupe. Elevés sur ces habitations qu'ils considèrent comme leur patrie, si leur instinct ne les pousse point au vagabondage, s'ils ne sont paresseux que parce que leurs besoins sont restreints, que parce que leur nature ne leur demande que l'alimentation, si facile à se procurer sous le tropique, ne seront-ils pas les plus malheureux des hommes, en se voyant refoulés loin de leurs habitudes, de leurs familles, des arbres qu'ils ont plantés et dont les fruits aidaient à nourrir leur paresse ? Pour ces hommes, nous demanderons grâce, nous dirons aux maîtres que l'exemple est un stimulant efficace, et nous les engagerons à user de raisonnements pour espérer tout du temps.

Cette question morale, ainsi posée, dans un esprit tout de conciliation et dans l'intérêt du nègre, auquel on laissera la réflexion, et dans l'intérêt du maître, auquel le temps pourra donner un travailleur actif, nous nous occuperons des nègres industrieux. Personne ne l'ignore, l'esclavage n'a jamais privé le nègre de là faculté de se racheter ; aujourd'hui la liberté devant lui procurer, pour peu qu'il soit actif et laborieux, des moyens plus faciles de ramasser l'argent qu'il employait jadis à sa libération, l'amour de la propriété qui se réveillera en lui, devient un écueil pour les colonies, si cette passion, naturelle chez l'homme, n'est pas sagement guidée.

Employé comme machine salariée à la journée, le travailleur industrieux des colonies aura, en peu de temps, économisé une somme assez forte, et beaucoup l'ont déjà en réserve, pour devenir propriétaire. Le maître, refusant de lui vendre la terre qu'il travaille, le nègre se voit refoulé vers les terres inertes des colonies, où il transporte ses pénates. Si les besoins se font sentir, le salaire de quelques journées de travail le rappellera à la glèbe ; mais l'habitude l'attachant à sa case, nous voyons dans ce mode vicieux, péril pour sa moralité, péril pour le bon exemple qu'il pourrait offrir à ses frères indolents, si un intérêt direct l'enchaînait au propriétaire chez lequel il travaillerait, et péril enfin pour les colonies et la métropole, par suite d'une diminution de produits, qui attaquerait surtout les revenus du propriétaire.

En présence de ces maux inévitables, pour qui connaît le nègre, pour qui a étudié sa nature, pour qui l'a suivi dans son instinct d'indépendance, en fait de possession, l'association a semblé être l'ancre de salut auquel se sont cramponnés quelques esprits avancés, qui se sont occupés de l'organisation du travail dans nos colonies.

D'après la nature des cultures coloniales, dont l'exploitation demande la réunion d'un grand nombre de bras, des projets d'association en grand avaient été proposés. Les bases de ces projets, que nous ne voulons ni critiquer, ni discuter, posées par des hommes consciencieux, semblaient rassurer tous les intérêts. D'un côté le colon avec son usine (le capital), de l'autre ses anciens esclaves (moyen d'exploitation), partageant les revenus répartis suivant les forces, l'intelligence, le temps de travail, avec une journée par semaine, des terres à vivres et une case pour minimum de salaire.

Certes, de l'état d'esclavage à cette association, nous voyons un immense progrès, nous voyons du libéralisme, disons plus, il y a fraternité ; mais cette fraternité laisse beaucoup à désirer, car ce mode devient, sans qu'on y pense, attentatoire à la liberté individuelle du nègre, et contraire aux véritables intérêts du colon.

Il est attentatoire à la liberté du nègre, en ce qu'il entraîne des réglements soumis au jugement d'un jury composé des nègres associés, il est vrai, mais au jugement d'un jury qui se trouvera juge et partie. Si le nègre mis en cause, lors du partage, est mécontent de la part à lui faite, n'accusera-t-il pas ses pairs de subir l'influence de l'intérêt ?

Il est contraire aux véritables intérêts du colon, en ce que le nègre ayant acquis par son travail une somme suffisante pour devenir propriétaire, et le colon refusant de lui vendre la terre qui l'a enrichi, le nègre se retire de l'association.

Comme on le voit, dans les deux systèmes que nous venons de développer, nous trouvons les mêmes dangers ; et dans celui de l'association, ne rencontrerions-nous pas encore davantage, chez le nègre, le dégoût du travail en commun que, dans un article inséré au journal des *Débats* du 22 juillet dernier, M. le maréchal Bugeaud a vainement cherché à guérir chez nos soldats agricoles de l'Afrique française.

Quelque vices que renferment les deux modes que nous venons d'analyser, nous ne les blâmons point ; nous signalons leurs dangers aux esprits qui se reportent vers l'avenir. Nous avons compris la prospérité qui doit découler de la liberté pour nos colonies ; mais nous avons vu le danger qui les menace. Nous avons surtout craint, pour le nègre, le non contact de la civilisation. Refoulés dans les bois, obligés de renoncer à l'espoir d'acquérir les terres qui bordent le littoral de la mer, seules terres propres à la culture de la canne à sucre, nous les voyons s'établir en Carbets, restreindre leurs besoins au matériel de l'existence, croupir dans la paresse, rêver l'indolence et végéter dans une vie de *far niente*, qui les ramènera à la barbarie. Nous voudrions éviter les conséquences d'une nature exceptionnelle et si peu connue de l'Europe ; nous voudrions stimuler des hommes dont le fonds est perfectible ; et enfin, dans l'intérêt de la France et des colonies, ne point, autant que possible, offrir à l'instinct du nègre des aliments de paresse qui, dans la liberté, le feraient rétrograder, et nous vaudraient plus tard, peut-être, les scènes que nous déplorons et qui se passent à Saint-Domingue.

Les maux immenses qu'a valu à nos colonies l'indivisibilité des propriétés, ne devant plus exister ; les héritiers pouvant aujourd'hui se partager les terres dont l'atelier, sous le régime de l'esclavage, faisait la richesse, nous arrivons forcément au morcellement des propriétés coloniales. Cette conséquence, qui se déduit pour l'avenir du nouvel état social des colonies, nous mène donc à la culture partiaire, et dès lors le colonage partiaire ne semble-t-il pas être une planche de salut, pour éviter les dangers que nous avons signalés? Le colonage partiaire, facilement compris par nos agriculteurs européens, offre cependant des difficultés dans nos colonies. Le nègre voudra devenir propriétaire, et c'est pour éviter la débandade de ces hommes si intéressants à conserver attachés à la culture de la canne, que nous verrions l'intérêt direct du propriétaire fatalement compromis soit dans le salaire à la journée, qui établit en outre la concurrence des prix de la journée et pousse le nègre au vagabondage, soit dans l'association en grand, qui refoule le nègre dans les bois, dès que l'instinct de la propriété se révélera chez lui, instinct qu'il a d'ailleurs et qui le pliera au travail, un temps donné, afin d'atteindre un but, l'objet de tous ses rêves. Ayant à craindre des résultats aussi fâcheux, nous demanderons au propriétaire s'il ne verrait point pour lui, dors et déjà, un avantage considérable dans la vente d'une portion de terre que le nègre ayant une famille s'engagerait à planter en cannes, et pour la fabrication desquelles l'usine, restée en commun, si la propriété a été partagée par des héritiers, prélèverait une part des revenus, part convenue à l'avance. On le conçoit, ce système qui développerait chez le nègre des besoins d'agrandissement, demande le concours du gouvernement. Des banques agricoles et hypothécaires pourraient venir efficacement en aide aux nègres laborieux, et leur exemple serait d'une influence heureuse sur les nègres paresseux et indolents, qui écouteraient leur voix les appelant au travail, leur offrant même une part dans leurs bénéfices; et puis enfin la civilisation s'infiltrant par suite des mêmes avantages offerts aux blancs que l'Europe pourrait fournir aux colonies, on parviendrait peut-être à une fusion des castes coloniales, fusion à laquelle on doit se prêter dans un intérêt général (1).

Ce n'est point dans un aperçu restreint, que nous avons la prétention de répondre d'avance aux objections qui pourraient nous être faites. Nous avons engagé le colon à ne point chasser de son habitation le nègre indolent et paresseux, nous l'engagerons également à ne contracter un marché semblable à celui que nous indiquons, que bien renseigné sur l'esprit du père de famille avec lequel il le contracterait. Pour peu que content de la position qu'il occupait chez son ancien maître, le nègre y désirant conserver les avantages que lui offrait sa condition d'esclave, c'est-à-dire sa case et ses terres à vivres, ne manifestait que le désir de changer sa condition de travailleur à la journée en celle de fermier, nous engagerons le colon à lui faire les concessions les plus avantageuses. Les meilleures terres doivent être données aux travailleurs qui, portant leurs regards au delà des besoins journaliers de la vie, comprennent les bénéfices acquis par des privations, et qui se réalisent au terme de la récolte. Quel que soit le mode adopté, nous rappellerons à tous ceux que la question coloniale intéresse, qu'il est un écueil à éviter, celui qui se produirait par le dégoût, si le nègre labo-

<hr>

(1) Nous regrettons de ne pouvoir indiquer ici les mesures efficaces qui décideraient nos travailleurs européens à passer aux Antilles. Comme on le concevra facilement, avant tout, ce serait au gouvernement à donner l'exemple, et alors sans doute il consulterait ceux qui pourraient l'éclairer sur cette importante question.

rieux et industrieux se voyait limité dans son ambition de fortune. Cet écueil pourrait amener des malheurs irréparables, que l'on doit prévoir.

Nous l'avons dit, ce n'est point un plan absolu que nous voulons imposer; nos études sur la nature humaine ne nous ont point amené à comprendre sa réglementation harmonieuse, et nos études spéciales sur les colonies, nous font un devoir de soumettre nos observations au jugement des hommes intelligents. Séduit par quelques unes des utopies que nous avons étudiées, nous aurions voulu en voir l'application. Nous rappellerons aux socialistes, que les terres coloniales leur offrent un vaste champ d'expérimentation, et nous les encouragerons dans leurs projets. Nous ne conseillerons jamais de mettre sous le boisseau une idée généreuse; mais nous stigmatiserons tous ceux qui, ne voyant que l'intérêt d'une des castes coloniales, pour satisfaire leurs passions mauvaises, cherchant à blesser des intérêts qu'ils classent, nuiraient à l'intérêt général. Nous applaudirons dans le gouvernement les sympathies qu'il manifeste pour le sort des populations françaises d'outre-mer; nous ne lui cacherons pas que sa mission est grande et périlleuse, et que l'éducation est un des éléments les plus puissants pour arriver à une solution heureuse des questions coloniales, par le rapprochement et la fusion des classes. L'ayant, dans nos deux premiers chapitres, initié aux bases sur lesquelles reposaient, sous Colbert, les principes coloniaux, l'immixtion de la classe blanche à la classe noire, l'interdiction de la culture et de la fabrication de produits similaires, nous nous en rapportons à sa lucidité pour atteindre les mesures les plus propres à rétablir un équilibre, sans lequel il n'y a pour la France, ni avenir colonial, ni avenir maritime, et par conséquent, pas d'espoir de repos intérieur.

Chacun des rouages de la machine coloniale remis en place et fortement consolidé par des lois, appropriées aux besoins locaux, nous demandons pour tous la liberté la plus illimitée, bien persuadé que les intérêts classés n'auront qu'à y gagner. Alors, sans doute, nous verrons se réaliser, pour nos colonies, les réves de ce bonheur que quelques écrivains attribuaient au seul son de la trompette, promulguant l'abolition de l'esclavage. Il est des devoirs dans la liberté; que chacune des classes coloniales les comprenne, et nous aurons conservé des pays, si essentiels à la prospérité de la France, nous aurons ouvert ces débouchés fermés aux produits de nos manufactures métropolitaines, et nous aurons sauvé l'humanité d'un second écueil, semblable à celui de Saint-Domingue.

FIN.

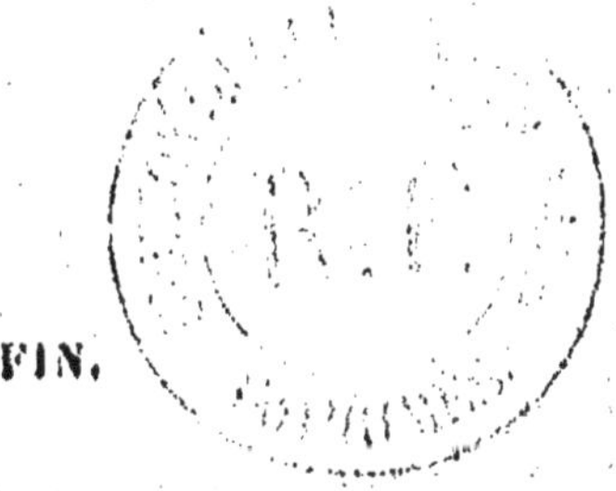

Imprimerie de RAYNAL, à Rambouillet.

www.ingramcontent.com/pod-product-compliance
Ingram Content Group UK Ltd.
Pitfield, Milton Keynes, MK11 3LW, UK
UKHW020126080726
13614UKWH00005B/2074